Jean Dupuy

SAINT-ANTOINE
DE PONT D'ARRATZ

DES ANTONINS A NOS JOURS

SAINT-ANTOINE DE PONT D'ARRATZ

PRÉAMBULE

Saint-Antoine de Pont d'Arratz est situé au nord-est du département du Gers en limite du Tarn et Garonne, à 3,5 km de la sortie 8 de l'A62. Bien que faisant partie de l'arrondissement de Condom, son bassin de vie est constitué par la région de Valence d'Agen, qui est le siège de l'intercommunalité des deux rives à laquelle est rattachée la commune. Avec une surface de 980 hectares et une population de 220 habitants, sa vocation agricole subit de profonds changements depuis une cinquantaine d'années. De quarante agriculteurs au milieu du XXe siècle, il ne reste que cinq exploitants sur le territoire qui cultivent une partie des terres, les autres le sont par des agriculteurs de communes et départements voisins. Le chemin de St Jacques de Compostelle qui traverse le village a permis à la Mairie d'ouvrir, en 2004, un multiservice restaurant et de le vendre à un particulier afin qu'il l'exploite. Parmi les 15 000 pèlerins annuels, le quart d'entre eux font étape à Saint-Antoine de Pont d'Arratz. Un gîte privé, l'Oustal, peut accueillir une quarantaine de couchages et des chambres d'hôtes sont disponibles dans la commune pour assurer l'accueil des marcheurs ou des touristes qui visitent la région. L'appartenance du territoire au grand site d'Occitanie constitué par Lauzerte, Moissac et Auvillar est un atout supplémentaire pour le secteur. Une école maternelle s'occupe des plus jeunes enfants et le primaire se fait à trois kilomètres, en Tarn et Garonne, à Mansonville, dans le cadre d'un Regroupement Pédagogique Intercommunal. La commune s'est équipée d'un City stade, d'un minigolf, de terrains de pétanque et d'une aire dédiée aux camping-cars afin de permettre à ces visiteurs de rester plusieurs jours. De nombreuses associations dynamisent la vie du village et offrent aux nouveaux jeunes ménages qui construisent sur la commune, la possibilité de s'intégrer facilement à la population locale.

Des pèlerins de passage dans le village.

La borne de St Jacques et sa coquille.

Vues aériennes du village.

ORIGINES

ANTOINE LE GRAND

Antoine le Grand est né en Égypte vers l'an 251 et mort en 356 soit à 105 ans ce qui constitue une exception pour l'époque ou l'espérance de vie n'excédait guère 45 ans. Sa vie nous est connue au travers des récits qu'en a faits Athanase d'Alexandrie vers 360. Né dans une famille d'Égyptiens aisés, il devient orphelin à l'âge de 18 ans et doit prendre la direction de l'exploitation avec une sœur plus jeune à élever. Un jour, en entrant dans une église, Antoine entendit lire ces paroles de l'Évangile qui lui parurent adressées : « Si tu veux être parfait, va, vends ce que tu as, donne-le aux pauvres, et tu auras un trésor dans le ciel, puis, viens et suis-moi » (Mat.19, v.21). Entendant ces paroles, Antoine les prit pour lui, il s'en retourna à son logis tout contrit, car il avait de grands biens. Alors, il vendit tous ses champs et distribua l'argent aux pauvres, ne se réservant que ce qui lui était nécessaire à sa subsistance et à celle de sa sœur. Il se défit encore de ses meubles et confia sa sœur à des vierges, que l'on peut appeler des religieuses et partit vivre dans le désert où il fonde une communauté. Très vite, cette vie ne lui convient pas car il est en contact avec trop de gens qui veulent devenir ses disciples. Pour mettre fin à cette notoriété qui se dessine, il part vivre en ermite, à Pispir, en plein désert dans un ancien fortin romain sur la route de la Mer Rouge. Là, à la manière de Jésus, il subit les tentations du diable auxquelles il résiste. Contrairement à Jésus dont ces tentations ne durent que quarante jours, les siennes sont beaucoup plus longues et portent parfois atteinte à sa vie. Il les repousse toutes, aussi enchanteresses soient-elles.

Peu à peu sa réputation grandit et de nombreux disciples viennent le rejoindre pour prier avec lui et lui demander des conseils avant de repartir vivre chacun de leur côté sur les deux rives du Nil. Ils le prennent comme guide spirituel. En 307, Hilarion vient lui demander des conseils pour construire un monastère dans l'actuelle région de Gaza. C'était l'un des premiers de la chrétienté.

En 312, considérant ses disciples trop nombreux, il s'éloigne encore dans le désert de Thébaïde sur le mont Golzim où se trouve aujourd'hui le monastère Saint Antoine. Le diable lui apparaît encore de temps en temps. Même à cet endroit retiré du monde, des visiteurs viennent le voir. À chaque fois il leur conseille la sagesse, le partage et la prière.

En 354, il revient à Alexandrie combattre les Ariens. Il y rencontre Athanase qui est un de ses admirateurs et qui le défendra auprès des Empereurs. Antoine mourut le 17 janvier 356 après avoir fait promettre que l'on tint secret le lieu de sa sépulture.

Découvert vers 561, le corps d'Antoine fut transféré en l'église St Jean Baptiste à Alexandrie. En 635, à l'arrivée des Arabes, ses reliques furent transférées à Constantinople. L'Empereur d'Orient, Romain IV Diogène, les donna à un seigneur du Dauphiné, nommé Josselin, qui les transporta, vers 980, en Dauphiné, à la Motte-Saint-Didier, qui devint, plus tard, Saint-Antoine.

Les religieux ayant adopté le mode de vie d'Antoine, sont appelés des anachorètes en opposition aux cénobites qui vivent autour des bourgs ou dans des communautés monastiques.

Saint Antoine le Grand ou Saint Antoine l'Égyptien ou Saint Antoine du désert est souvent représenté accompagné d'un cochon. Cet animal n'a rien à voir avec la vie du saint si ce n'est que pendant ses tentations, le diable lui envoie des visions d'animaux sauvages tels que lions ou tigres mais aussi des sangliers ce qui pourrait expliquer cette représentation. Il est plus plausible de penser que le cochon est apparu beaucoup plus tard, à la création, en Dauphiné, d'un ordre religieux, en 1098, les Antonins. Cet ordre avait le privilège de posséder des cochons dont l'élevage était exempt d'impôt. Ils pouvaient errer en liberté dans les rues et une clochette pendue à leur oreille affirmait leur appartenance. Ces troupeaux leur permettaient de nourrir les nombreux pèlerins et voyageurs qu'ils accueillaient et leur graisse entrait dans la composition des onguents qu'ils fabriquaient pour la guérison du « mal des Ardents ». Ils participaient également au nettoiement de la voirie jonchée de tous les détritus que les habitants jetaient.

CRÉATION DE L'ORDRE DES ANTONINS

En 1088, les moines bénédictins de l'abbaye de Montmajour en Provence sont chargés de veiller aux reliques du Saint : ils fondent à St Antoine-de-Viennois un pricuré pour assurer le service religieux. Les pèlerins se rendent en grand nombre dans cette église pour demander la guérison de ce que l'on appelle à l'époque, le « Mal des Ardents » ou le « Feu sacré ».
En 1089, une nouvelle épidémie du « Feu Sacré » fait son apparition. Gaston de Valloire, gentilhomme Dauphinois obtient, lors d'un pèlerinage auprès des reliques de Saint Antoine, la guérison de son fils, atteint du mal des Ardents. En remerciement, ils fondent ensemble, une communauté séculaire : « La compagnie charitable des frères de l'aumône », placée sous le vocable de St Antoine. Gaston est le premier chef de ces frères. On lui donna le nom de grand maître. Regroupés autour d'un hôpital ils recueillent et soignent les malades atteints de ce mal. Dans le concile de Clermont, en 1095, Urbain II approuve l'existence de cet établissement. Il continua de diriger ses compagnons. Leur marque définitive était un T (Tau) qu'ils portaient sur leur habit avec une croix de chevalier. Grâce à l'initiative et la fortune de Gaston de Valloire quelques hôpitaux voient le jour un peu partout et, en particulier, à Saint Antoine-de-pont d'Arratz en 1146.
Dans un premier temps, l'histoire de la communauté se traduit par d'excellentes relations avec les Bénédictins,

conservateurs des reliques de saint Antoine qui assurent le service religieux du pèlerinage, et les frères hospitaliers qui s'occupent principalement des malades. La puissance des frères hospitaliers grandit, ils se répandent dans toute l'Europe et les attaques armées entre les deux communautés ne sont pas rares jusqu'à ce que le pape Boniface VIII prenne le parti des Antonins. Ces religieux, placés sous le patronage d'Antoine le Grand, bénéficient de l'exemption, c'est-à-dire qu'ils échappent à la juridiction de l'évêque et sont directement rattachés à l'autorité du pape. Leur activité correspond à un besoin réel, celui du soin des malades. Ils sont fortement hiérarchisés et centralisés. Seul le grand maître de Saint Antoine porte le nom d'abbé. Comme les Templiers ou les Chevaliers Teutoniques, l'organisation est divisée en circonscriptions, les baillis. À l'intérieur de ces circonscriptions, se trouvent des Commanderies, générales ou simples.
L'ordre des Hospitaliers de Saint Antoine essaime d'abord dans le Dauphiné, puis s'étend en France et dans toute l'Europe.

Le Mal des Ardents

Au Xe et XIe siècles, le « Mal des Ardents » fait des milliers de victimes.
« Feu sacré », « mal des ardents », « peste de feu », « feu de St Antoine »... autant d'expressions qui veulent évoquer la souffrance de ceux qui étaient atteints par cette terrible

maladie. Ce n'est qu'au XVIII° et XIX° siècle que l'on en trouva la cause : il s'agissait d'un empoisonnement provoqué par la consommation de pain de seigle fabriqué avec des céréales « ergotées ».
C'est un champignon microscopique qui contient divers alcaloïdes polycliques dérivés naturels de l'acide lysergique, l'ergotamine dont est tirée la drogue hallucinogène : le LSD. Il parasite notamment le seigle et le blé. Le mycélium du champignon envahit l'ovaire des fleurs femelles de ces graminées, c'est-à-dire les futurs grains qui, en mûrissant, se recouvrent d'un tissu violacé appelé, le sclérote, qui rappelle l'ergot du coq, d'où le nom du parasite en français. Avec ces grains on fait le pain et l'ingestion de ce pain cuit provoque l'intoxication de celui qui le consomme. Ce sont d'abord des démangeaisons suivies par des crises d'hilarité, de vertiges, de spasmes, convulsions et hallucinations. Ce mal ronge les chairs : les malades sont d'abord saisis d'un froid glacial puis survient une chaleur intolérable, une sensation de brûlure intérieure, particulièrement dans les bras et les jambes alors qu'au toucher ces membres sont glacés. Au bout de quelque temps, les muscles sont atteints de crampes qui peuvent entraîner la mort du patient par asphyxie. Les membres inférieurs et supérieurs se nécrosent, noircissent, se gangrènent et, sans hémorragie, se séparent du corps et tombent (érysipèle gangreneux). On appelait ces malades « les démembrés ».
Tous les chroniqueurs de l'époque sont unanimes pour affirmer que cette maladie est au-dessus des connaissances

de la médecine ordinaire. Beaucoup y voient le « fléau de Dieu », envoyé par le Ciel pour punir les péchés des hommes. Presque tous les historiens des monastères rapportent des guérisons miraculeuses, opérées grâce à l'intervention des saints : la Vierge, saint Israël, saint Gilbert, sainte Geneviève.

Les frères Antonins ont vite la réputation d'obtenir des résultats impressionnants et les malades affluents en très grand nombre. Certains de ces frères furent d'excellents médecins : les médecins personnels des Papes ont longtemps été recrutés chez les Antonins. En 1253, Innocent IV les choisit même pour constituer un hôpital ambulant qui suit le Pape et son entourage dans ses déplacements.

C'est au sein d'hospices Antonins que les malades sont accueillis. Tout le monde est soigné à la même enseigne. Vu que le Mal des ardents est considéré comme une maladie chaude, on pense qu'il est nécessaire de guérir... par le froid. Afin d'amputer, on prépare donc des élixirs et autres anesthésiants, dits « rafraîchissants ». On donne aussi à manger aux malades du melon, considéré comme un aliment froid. Mais on les plonge aussi dans des bains d'eau glacée. Des amulettes protectrices faites de racines enroulées dans du tissu assurent également un rôle de protection. Ces racines, particulièrement celles de la mandragore, sont également utilisées pour les élixirs (préparés avec des fruits rouges) qui apaisent les malades. Malheureusement, la mandragore est un puissant hallucinogène qui ne fait que renforcer les sombres illusions occasionnées par l'ergot. Il n'est donc pas si anodin de voir une victime de la maladie se suicider.

Une autre méthode consiste à utiliser des baumes fabriqués à base de graisse de porc et de plantes (pavot, verveine, renoncule, gentiane…) et le saint vinaigre dont la composition s'est perdue avec le temps mais dont l'effet vasodilatateur était certainement bénéfique à la circulation du sang. Certains de ces onguents venaient de leurs hôpitaux espagnols et certainement du savoir-faire arabe avec qui ils paraissaient entretenir des relations pacifiques. Le recours à des chants de guérison magique était aussi probable puisque la force mystique du Tau entrait pour une bonne part dans le traitement du mal des Ardents. Ils maîtrisaient également la technique de l'amputation et utilisaient certainement le poivre comme cicatrisant car il est souvent fait mention d'utilisation importante de ce condiment. Parmi les différents baumes utilisés, l'un d'eux est encore utilisé au XVIIIe siècle et, c'est à Élizabeth Clémentz que revient le mérite d'en avoir retrouvé la composition dans un recueil d'actes authentiques de 1726.

« Dans un mélange de quatre livres d'un excipient indéterminé, de quatre livres de suif, de quatre livres de saindoux, quatre livres de poix blanche, quatre onces de cire jaune, deux onces de térébenthine, trois quarts de livre d'huile d'olive, sont incorporés : deux onces de vert-de-gris (hydrocarbonate de cuivre), puis un décocté exprimé préparé avec six poignées de chacune des plantes suivantes : feuilles de

chou, de noyer, de bette, de laitue, des deux sortes de plantain, de sureau, de sanicle, de tussilage, de joubarde, d'orties, de ronces avec leurs sommités. »

On ignore à quelle époque c'est onguent a fait son apparition.

Le TAU : C'est la dix-neuvième lettre de l'alphabet Grec. Signe de salut, signe de guérison, signe de victoire sur le Mal et les tentations du Démon. Il évoquerait aussi la béquille sur laquelle s'appuyaient les pèlerins amputés, après avoir été guéris du mal des Ardents. Quelle que soit l'explication le TAU demeure aujourd'hui encore l'emblème des Antonins, leur signature. Les Antonins du Liban, dans le cadre de l'église Maronite, le portent encore, bleu brillant, sur leur habit monastique noir. Dans la Bible, il a une importance particulière et dans l'histoire de l'art, une longue tradition. Le Pape Innocent III l'évoque lors de l'ouverture du concile du Latran IV (1215) comme signe de pénitence. « Marque du TAU le front des hommes qui soupirent et qui gémissent à cause de toutes les abominations qui se commettent dans la ville. » TAU est le signe que l'on porte au front si l'on manifeste dans toute sa conduite le rayonnement de la Croix. Soyez donc les champions du TAU et de la Croix. » (Extrait de chemin d'Évangile ouvert à tous, message et actualité de saint François d'Assise, de T. Gounay et M. Denieu aux éditions Franciscaines.)

Le TAU était pour Saint François d'Assise le signe de l'élection divine. Avec ce signe il bénissait les hommes et signait ses lettres. C'était un signe de bénédiction et de paix, le signe de la bonté et de l'amour de Dieu. Le Tau est aussi devenu naturellement pour les premiers chrétiens une représentation de la croix du Christ, le transformant par là en signe de rédemption. Plus prosaïquement, le TAU serait la figure stylisée du bâton sur lequel s'appuyait Saint-Antoine dans sa vieillesse. C'est ainsi qu'il est représenté sur un panneau du Retable d'Issenheim. Ce retable a été réalisé entre 1512 et 1516 par Matthias Grünewald pour les panneaux peints et Nicolas de Haguenau pour la partie sculptée. Les deux artistes répondaient à une commande du précepteur du couvent des Antonins d'Issenheim près de Colmar. Composé de 11 panneaux, le retable représente la vie du Christ et celle de saint Antoine l'Ermite.

Le Tau des Antonins dans l'église.

SAINT-ANTOINE-DE-PONT-D'ARRATZ

Suite à la construction, par les Romains, d'un pont qui enjambe l'Arratz, ce territoire, pratiquement désert devient un lieu de passage de plus en plus fréquenté par des voyageurs de toutes sortes qui font le bonheur de quelques brigands qui peuplent les bois aux alentours. C'est aussi le chemin qu'empruntent les pèlerins qui se rendent à St jacques de Compostelle pour vénérer les reliques du Saint ou expier leurs péchés. Nombreux sont ceux qui n'atteignent jamais leur but, victimes des détrousseurs ou de maladies.

On peut considérer le XII° siècle comme celui du défrichement de la France. La population s'accroît, des agglomérations voient le jour et le besoin de cultiver davantage pour se nourrir provoque le développement de l'agriculture et donne une certaine liberté aux paysans. L'élevage des vaches, des moutons et des porcs se généralise. Pour faire de la farine, les moulins à eau et à vent se multiplient.

Le XII° siècle, c'est la fondation de l'abbaye de Clairvaux par Bernard de Clairvaux en 1115. C'est aussi le siècle des cathédrales et de l'art gothique importé par les croisés : St Denis, Notre Dame de Noyon, Notre Dame de Laon, Notre Dame de Paris. C'est la découverte de la science arabe : algèbre, médecine, chimie, arithmétique, astronomie.

C'est le siècle des croisades. En 1095, le Pape Urbain II appelle à la première croisade, en décembre 1147 c'est Eugène III qui lance la deuxième qui se termine en 1149 par un échec total pour les croisés, en 1187, Grégoire VIII appelle à la troisième et en 1198, Innocent III appelle à la quatrième qui se terminera au début du XIII° siècle. Philippe Auguste règne de 1165 à 1223. La longueur de son règne est exceptionnelle comme le sont les progrès réalisés pendant ce temps. Il faut noter que Philippe Auguste est le premier à faire suivre sa signature de « Roi de France » et non « Roi des Francs » comme tous ses prédécesseurs.

En 1146, quelques Antonins en quête de lieux propices à leur installation, repèrent ce pont romain sur l'Arratz et voient là, l'opportunité d'installer un hôpital à proximité, au lieu-dit « La Gleysette ». Ce ne fut certainement qu'une modeste demeure accolée à une petite chapelle : une petite « Gleyse » (église). À cause de l'affluence des malades la construction d'un bâtiment plus spacieux fut entreprise trente ans plus tard à trois cent cinquante mètres, au levant. Ce bâtiment sera la Commanderie à côté de laquelle on commence aussi la construction de l'église. Il semble que leurs ressources étaient maigres car la construction du portail de l'église est interrompue assez longtemps. La population augmente et il faut nourrir les habitants et aussi les malades et les convalescents. Ces derniers vouent une reconnaissance éternelle aux Antonins qui les ont sauvés. Pour être Antonin il n'est pas nécessaire d'être clerc. Seul l'engagement de vouloir se dévouer et risquer la contagion de cette grave maladie qu'est « le Mal des Ardents » ou le « Mal Sacré », suffit.

La Commanderie et la porte nord.

Pour les remercier, nombre d'entre eux leur lèguent leurs biens ou restent pour les aider dans leur entreprise de construction. Parmi eux se trouvent des maçons, des charpentiers, des tailleurs de pierres ; la construction d'un moulin à eau sur l'Arratz, en prolongement du pont romain est entreprise car il faut de la farine pour faire des galettes de seigle ; Dans ce territoire, le seigle n'est pas contaminé mais rappelons-nous que l'origine du « mal des Ardents » n'est pas connue. Les malades qui arrivent mangent donc des galettes faites avec de la farine de bonne qualité et cette nourriture saine améliore leur santé. Chez les moins atteints, la guérison est rapide et chez les autres, leurs souffrances régressent. Ce phénomène naturel contribue à auréoler encore davantage les pouvoirs miraculeux de guérisseurs des Antonins. Ceux-ci ne se contentent pas de soigner mais continuent après la guérison leur rôle social en donnant du travail à leurs patients avant qu'ils retournent chez eux ou repartent vers Saint Jacques de Compostelle. En fonction de leurs possibilités physiques ils contribuent à la bonne marche de la communauté en prenant part aux travaux en cours ; les plus atteints, les « démembrés, manchots, cul-de-jatte ou amputés des doigts ou des orteils vont avoir un rôle de surveillants, par exemple pour les meules du moulin qui tournent nuit et jour. Chacun apporte quelque chose à la vie de tous. Les grosses constructions sont supervisées par des architectes recrutés grâce à l'argent de seigneurs mécènes. Tout laisse à penser que certains d'entre eux sont inspirés de l'art arabe car le portail de l'église de St Antoine-de-pont-d'Arratz en porte le témoignage. En effet, il est polylobé et manifestement d'inspiration mauresque, le style mozarabe est bien présent dans sa conception.

Le pont romain amputé d'une arche.

Le moulin sur l'Arratz.

Cependant, peu à peu, les donations pieuses arrivèrent, la richesse de l'hôpital s'accroît. C'est la grande époque de « la folie de la croix ». De toutes parts dans notre Midi à la voix d'Urbain II, les croisés venaient, abandonnant leurs châteaux ou leurs chaumières, pour s'enrôler sous la bannière des Comtes de Toulouse et s'en aller conquérir le tombeau du Christ.

Ceux qui restaient, gagnés de la même folie, ne pouvant donner leur corps, en raison de leur âge ou de leur état de santé, s'enrôlaient dans d'autres milices. C'était le temps héroïque des sacrifices, de l'abnégation, du renoncement et de la foi. Tandis que se formaient les armées des croisés, c'était, dans le peuple, la floraison des ordres hospitaliers qui se donnaient à des tâches plus humbles mais tout aussi utiles. À ce même concile de Clermont, où le Pape Urbain II avait prêché la guerre sainte, des ordres avaient été approuvés, et, entre autres, cet ordre des Antonins, qui, lui aussi, dans ses armes, portait le symbole des croisades : le Tau. Tous ces croisés sédentaires essaient de faire le bien autour d'eux en aidant financièrement des ordres religieux tels que les Antonins.

La seigneurie de Saint Antoine de Pont d'Arratz est la propriété de Gaillard d'Ascors qui meurt pendant la quatrième croisade dans des circonstances qui nous sont inconnues. Sa veuve, Dame Casals, restée seule, fait « le 4 des ides d'aoust 1204, don de toute la seigneurie aux Antonins. (La pièce se trouve aux archives de la Commanderie de Toulouse, n° 30 bis liasse V). Cette donation donne des revenus supplémentaires aux moines qui peuvent accélérer les constructions entreprises et les premières maisons du futur village font leur apparition. La Commanderie de « Saint-Antoine-de-Pont-de-Ratz » semble être la première annexée à celle de Toulouse. Elle a maintenant des ressources suffisantes pour reprendre, sur de nouveaux plans, la construction de son église, la chapelle primitive ayant été détruite par le feu. La porte d'entrée romane est conservée. Formée de trois voussures en plein cintre, festonnée d'un arc quadrilobé, son style hispano-mauresque la rend très originale. Ces voussures reposent sur six colonnes cylindriques, à petits chapiteaux feuillagés. Les murs de l'église sont construits en grand appareil mais on constate que sa construction a pris beaucoup de temps car, au portail roman succède le style ogival. Aujourd'hui, l'église n'a que quatre travées, une cinquième a disparu côté portail, on en voit encore les traces. Les nervures et les arcs doubleaux aboutissent aux chapiteaux historiés de colonnes engagées dans les murs du Nord et du Midi. Sur la quatrième clef de voûte, les Antonins font graver l'écusson de l'ordre fleuri d'un Tau. Les colonnes sont quadrangulaires à l'Ouest de la première travée, octogonales à l'Est. Les colonnes qui flanquent les chapelles du Nord et du Midi sont cylindriques et celles de l'entrée du chevet sont octogonales. Au midi, deux fenêtres gothiques divisées en deux éléments au moyen d'un meneau de pierre qui s'épanouit dans le tympan et y forme divers dessins. Au Nord et au midi, deux chapelles avec voûte en croisée d'ogive reposant la base des nervures aux angles sur des consoles à face humaine.

Près du chevet, dans une niche, au Midi, un très beau reliquaire en argent, ayant la forme d'un bras et contenant un osselet de la main d'Antoine le Grand a été offert par la Commanderie de Toulouse à Saint-Antoine-de-Pont-de-Ratz. Chaque doigt était orné d'un bel anneau ; il n'en reste que trois. Pour la fête du Saint, le 17 janvier, il est exposé et les habitants y frottent leurs mouchoirs qu'ils gardent précieusement en cas de maladie ou d'accident. Ce reliquaire, daté du XVe siècle est l'objet d'une grande vénération de la part des malades.

Le reliquaire.

L'intérieur de l'église.

Le portail hispano-mauresque de l'église et la Croix de Malte.

Vue générale de l'église.

Saint Blaise

En 2009, la découverte de peintures murales du XV° siècle sur lesquelles viennent se superposer d'autres du XVI° racontant l'histoire de St Blaise, démontre la présence sur le territoire, de vrais artistes dont le travail est destiné à éduquer une population souvent illettrée.

Saint Blaise est Arménien. Dans sa jeunesse il a exercé la profession de médecin à Sébaste où il a acquis une réputation exceptionnelle. Cette capacité extraordinaire de guérir lui valut d'être désigné, à la mort de l'évêque de la ville, comme son successeur. Les gens venaient de très loin pour se faire soigner le corps aussi bien que l'âme. Il avait la particularité de se faire comprendre des animaux et cette célébrité ne plaisait pas au gouverneur qui le fit arrêter. C'est cette scène qui est peinte sur le mur de l'église de Saint-Antoine-de-Pont d'Arratz.

Les sbires du gouverneur l'emmènent au jugement. Il le fait emmener sous bonne escorte vers son cachot. Sous ce premier tableau est écrit en occitan : « *COM LEMPERADO MADEOSIEN FENC BOTA SAN BLASI EN PRESO PERCO QUE NO BOLOC SENSA (CENPSA) LA FE* L'empereur Madéonien veut mettre St Blaise en prison parce qu'il ne voulait pas renoncer à sa foi. »

Saint Blaise.

Chemin faisant, il demande à un loup de rendre à une pauvre veuve le pourceau qu'il vient de lui enlever. Sous ce tableau est écrit : *COM LOLOP EM PORTABO LOU PORC A UNO FEMNO... SANT BLASI COMMANDEC A LOLOP QUE LENTORNEC* « Le loup emportait le porc d'une femme, St Blaise lui commande de le rendre. »

Ce nouveau miracle met le gouverneur en colère et on peut voir Blaise enfermé dans la prison. La veuve pour le remercier lui offre, par la fenêtre, la tête du porc. Nouvelle écriture : *(manque) QUE SAN BLASI ERO EN PRESO E LO PORTEC LO CAP DEL PORC* « St Blaise est en prison et elle lui porte la tête du porc. » (*)

Le gouverneur ne pouvant le faire renoncer à sa foi le fait torturer à l'aide de peignes de fer qui lui labourent le dos et ordonne qu'on le jette dans l'étang. A partir de là, les peintures, dégradées, ne permettent pas de voir la dernière scène qui montrerait que Blaise, faisant le signe de croix, la surface de l'étang devient solide et ne permet pas de le noyer. Voyant cela, le gouverneur le fait décapiter. Avant sa mort, le saint demande à Dieu de lui accorder une faveur : que toute personne qui l'invoquerait et qui souffrirait de mal de gorge ou d'une autre maladie, soit guéri.

* Merci à M. l'abbé Georges Passerat, professeur à l'Institut Catholique de Toulouse, pour l'aide très importante apportée si aimablement à la transcription et à la traduction du texte.

Les peintures murales de l'église.

Sa demande fut exaucée et son efficacité est extrême en cas d'arêtes enfoncées dans la gorge. Il est connu aussi sous le nom de Saint Blaise de Sébaste.

Sous ces peintures, en partie basse, en apparaît une autre, datée du XVe siècle où l'on reconnaît le combat de St Georges contre le dragon. La fille du roi est reconnaissable et à l'arrière, un ensemble architectural apporte un bon témoignage des constructions de l'époque malgré les détériorations importantes de cette œuvre. Ceci indique bien que les églises, à cette époque, étaient régulièrement décorées avec des superpositions de peintures.

Un cimetière flanque l'église au levant. Plus tard des maisons parasites viendront s'accoler à l'église à l'endroit même où était ce cimetière. Les religieux ont donné les terres aux paysans à très bon compte, la redevance est minime : six liards par « concada » de terre, et les maisons, les prés et les vignes en sont exonérées comme on peut le voir sur la charte des coutumes annexée. Il se tient deux foires autour de la Commanderie, à la Saint-Antoine (le 17 janvier) et à la Saint-Barnabé (le 11 juin). Elles doivent être importantes car il y vient beaucoup de voleurs ! Le village grossit et un acte reçu par le notaire Jean de Saint Destoi, en date du 12 novembre 1367 attire notre attention sur la construction des remparts de la Cité de Pont d'Arratz. Durant un siècle et demi, la protection des Ducs d'Aquitaine, rois d'Angleterre, avait apporté la sécurité à l'hôpital et à sa région, mais les fréquentes incursions de bandes incontrôlées inquiétaient les habitants ; un rempart devenait nécessaire.

 Voici le texte de l'acte traduit : « Le nombre des habitants du lieu de Pont d'Arratz s'était fort augmenté et pour se mettre en état de se défendre, s'ils étaient attaqués, un Conseil fut tenu entre le Comte d'Armagnac et le Vicomte de Lomagne, pour déterminer une forme de la ville plus appropriée à sa défense et donc plus régulière pour pouvoir la faire clore de murailles. Ce fut donc au cours de ce conseil de novembre 1367 que furent résolus la méthode et les travaux à effectuer avec le moins possible de destructions. Pour préciser ces projets, Gilles de Lebrer, Sénéchal du Vicomte de Lomagne et Hautvillard, se transporta à Pont d'Arratz, avec le Procureur fiscal du Vicomte où, sur place, ils prirent la décision, avec le Commandeur de Pont d'Arratz, de le clore et de le fermer de murailles de pierres avec des fossés.

Le Commandeur, pour l'exemple, accepta de donner à bail de très longue durée (emphytéose), une maison lui appartenant, sise devant l'église de Pont d'Arratz afin d'y loger des habitants de cette cité qui voudraient l'occuper. En contrepartie les habitants donnèrent au Commandeur, seigneur du Lieu, une maison leur appartenant, mais située hors de l'enceinte projetée.

Le Commandeur avait accepté cette maison, hors des murs en donnant son accord pour un bail long aux habitants, pour toutes les places qui étaient vacantes à Pont d'Arratz pour qu'ils les occupent en y faisant bâtir.

C'est ainsi que la maison et son jardin joignant la Maison du Commandeur située devant l'église et confrontant la maison de Jean Mercier d'une part et la Maison de Jean d'Anglade d'autre part ainsi que le chemin communal et le « chazal » de Pierre Cindrac, fut louée par bail emphytéotique à Pierre de Tarnac et Pierre Johanard tous deux habitants de Pont d'Arratz avec une location annuelle (censive) de dix morlans, payables à chaque fête de la Toussaint, dès le 12 novembre 1367 (date du premier reçu du Notaire) » - Ce notaire habitait en la maison de Thomas Portal, rue de Maubec et rue de Graulet.) (Pièce fournie par Jo de Montchenu)

N'oublions pas que la guerre de Cent Ans fait des ravages à nos portes. Peyrecave est entièrement détruit.

Dix ans plus tôt, le Pape annule une nouvelle croisade pour permettre au roi de France Philippe VI de disposer de toutes ses ressources pour combattre les Anglais. Les combats font rage dans l'Agenais. Paradoxalement on ne trouve aucune trace de problèmes causés par cette guerre au village de Saint-Antoine-de-Pont-de-Ratz qui compte une centaine de maisons.

Les fortifications murales sont percées de deux portes, l'une au Nord, l'autre au midi. Leur axe détermine la rue centrale, aujourd'hui, rue de la Commanderie. Ces deux portes étaient fermées de pont-levis et de vantaux. On peut encore voir sur la porte nord, la seule qui reste, la trace des gonds. Cette porte a la particularité d'être ogivale au Nord et romane au Midi. Le grand fossé qui entoure le village est alimenté par le ruisseau du Carpe. Les religieux Antonins sont maintenant une dizaine dans la Commanderie et ces fortifications sont destinées à protéger la quiétude des habitants mais aussi la richesse de l'église. Les dons que les pèlerins font au Saint Patron de l'Église ne sont pas une mince source de profits pour la ville.

La rue de la Commanderie.

L'Ordre, à l'origine, est composé de laïques mais ce sont des religieux qui constituent la paroisse et des vicaires envoyés par l'évêque de Lectoure qui l'administrent. Ensuite, lorsque les clercs et les laïques eurent pris rang dans l'Ordre, ce fut un prêtre désigné par la Commanderie de Toulouse qui fut « curé en corps de la paroisse et syndic de la Commanderie ».

Ce curé ne semble faire que les baptêmes, les sépultures et les mariages. Au-dessus de lui on trouve un autre religieux qui est le véritable administrateur de la Commanderie au nom de celle de Toulouse.

C'est lui qui gouverne les biens de l'ordre et qui est le véritable seigneur des terres de Saint-Antoine-de-Pont-de-Ratz, il est le suzerain du pays.

C'est lui qui touche ce qui revient à l'église de Saint Antoine par les offrandes.

C'est à lui que les gens du territoire font jurer les coutumes ;
C'est à lui qu'ils font leurs hommages par l'intermédiaire de leurs consuls et de leurs notables.

C'est lui qui veille à la sûreté des gens et de leurs biens.
C'est à lui que l'on paie les redevances annuelles ou de décès.
C'est lui qui paie la garde et le guet. Il n'est pas le maître absolu, la lecture de la charte des coutumes apporte de nombreuses réserves à son autorité.

Les gens de Saint-Antoine ne tiennent pas avoir maille à partir avec des officiers de leur seigneur, ce sont des gens pratiques qui veulent faire leurs affaires eux-mêmes. La ville a des revenus propres, elle est relativement riche. Elle possède des communaux bien délimités, elle a son droit de pacage et même s'ils reconnaissent au seigneur le droit de donner des terres ou de les affermer à qui bon lui semble, ils l'acceptent à condition que ce soit là où rien n'est bâti et en dehors des communaux, c'est-à-dire, en somme, chez lui et sur ses terres sur lesquelles les habitants gardent un droit de passage bien affirmé. Ils ont aussi des marguilliers ou lumines, ce sont eux qui tiennent des registres ou des rôles ; ici ils ont droit de contrôle sur les revenus de l'église et sur le produit des vœux faits au Saint patron de l'église. Ils ont le droit de faire prêter serment à celui qui vient accomplir des vœux faits au Saint patron de l'église et s'il dit qu'il a fait promesse au saint pour son trésor, ils prennent pour le trésor de la commune ce que le pèlerin a offert.

Le seigneur n'a pas le droit de créer des lumines : ils sont élus par la ville au suffrage universel et le seigneur n'a que son droit de vote.

Le bourg est administré par un Bayle qui est, lui aussi, élu par la commune, au suffrage universel. C'est aussi la commune qui nomme les « messeghés », ce sont des fonctionnaires très spéciaux que l'on pourrait assimiler à nos gardes champêtres. À côté du bayle et au même rang on trouve les consuls. Ils sont quatre. La charte de coutumes nous en montre deux, en 1493, qui portent le même nom, ce qui indique qu'ils peuvent être choisis plusieurs dans une même famille. Ils sont les premiers magistrats du bourg, ils rendent la justice à plusieurs titres : soit comme magistrats municipaux, soit au nom du seigneur, soit comme arbitres.

La charte de coutumes précise : « ils ne sont ni juges, ni assistants et n'ont pas connaissance des causes ». Il leur est certainement arrivé d'avoir de sérieux différents avec le procureur du Roi concernant leur justice car ils font jurer au seigneur « qu'il les défendra et les protégera contre tous dommages, intérêts, amendes, ajournements, etc.. ». Ils représentent le bourg dans ses relations avec le seigneur ; c'est entre leurs mains qu'il prête son serment et ce sont eux, qui de leur côté, lui engagent l'hommage et la fidélité des habitants. Ils représentent la commune dans toutes les formalités et actes judiciaires où elle doit intervenir, dans la rédaction de la charte de coutumes par exemple et dans sa demande d'enregistrement.

Au-dessous d'eux il y a les notables. En 1493 il y a quarante-huit familles dont les noms se trouvent après ceux des consuls dans notre charte. La plupart font précéder leur nom d'une particule qui n'a rien de nobiliaire. Ces noms rappellent plutôt un sobriquet ou une particularité typique de situation, de terre, ou d'habitation d'origine.

Au-dessous sont les habitants que l'on trouve dans la charte subdivisés en manants (ceux qui ont un domicile fixe) et en domiciliés. Cette population doit bien compter à cette époque, compte tenu de l'importance du bourg et de son enceinte de protection, représenter environ 300 personnes.

Le déclin des Antonins

Pendant toute cette période de présence des Antonins, une grande activité a régné sur cette commune. Des constructions ont vu le jour, disséminées sur le territoire. En plus de l'hôpital et de l'oratoire de « la Gleysette », il y a eu également, à cinq cents mètres, au Midi, l'église Saint Jean Baptiste et à proximité, à Braquet, une léproserie, au couchant à un « Kil », l'église de Saint Pey. Il existait une tuilerie à « la Corneille ». Il ne reste rien de tout cela et les dates de constructions nous sont inconnues. Ce qui peut être dit, c'est que dans une période où la France est la proie de la guerre de Cent ans, tandis que les Armagnacs et les Bourguignons se déchirent, que les Anglais sont à nos portes, à Agen, les Antonins agrandissent leur hôpital et achèvent la construction de leur église. Leurs portes fermées, du haut de leurs murailles ils regardent passer les événements.

Plus tard, les guerres de religion les épargnent. Montluc, après avoir rasé toute la Bigorre passe certainement par le pont d'Arratz de Saint-Antoine pour faire la conquête de Cahors. Le chevalier d'Harcourt emprunte aussi ce même pont pour voler au secours de Miradoux assiégé par le grand Condé pendant la Fronde. Tout le monde laisse vivre en paix ce coin de Gascogne où les habitants continuent de profiter de leurs privilèges sous l'œil bienveillant de seigneurs pacifiques.

Saint-Antoine-de-Pont-d'Arratz n'occupe pas une situation stratégique comme d'autres villages perchés sur des collines dominant les alentours. Sa situation de village de plaine lui a peut-être assuré sa tranquillité.

Pendant cette même période, la réforme protestante crée une grave crise. La Commanderie, peu à peu, perd de sa fréquentation. Au XVIII° siècle, les grandes épidémies sont passées, les malades sont moins nombreux, les religieux de l'hôpital ont de plus en plus de mal à s'occuper d'autant de personnes qui administrent le lieu. En 1659, à la suite de longs pourparlers avec l'évêque de Lectoure, la commanderie qui tenait à rester maîtresse chez elle, obtint la suppression des « vicaires » que l'évêque envoyait, un seul curé suffisait maintenant pour desservir l'église.

La diminution de la population, l'absence de malades et par conséquent des ressources rendaient difficile l'entretien de l'hôpital devenu inutile. Peu à peu, par manque d'entretien, son état se dégrada et il tomba en ruine. L'existence même de l'ordre des Antonins, privé de sa mission première n'avait plus de raison d'être.

En 1736, on trouve trace d'un chanoine régulier de l'ordre nommé Jay, qui aurait procédé à la sépulture, dans l'église paroissiale de St Antoine « auprès du balustre à main droite, de noble Gérald de Redon de Laval habitant la juridiction d'Auvillard en la paroisse de St Cyrice ».

L'institut fut supprimé par Pie VI dans deux bulles, l'une du 17 septembre 1776 et l'autre du 7 mai 1777. En 1779, sous Louis XVI, sur décision du pape, l'ordre est fusionné avec l'ordre de Saint Jean de Jérusalem plus connu sous le nom des Chevaliers de Malte à charge par ceux-ci de servir une pension viagère aux derniers religieux survivants de cette société abolie.

Les trois religieux restés à Saint-Antoine et qui occupaient encore le couvent virent leur situation se dégrader rapidement car les habitants refusaient de payer encore leurs redevances. En 1785, ils quittèrent les lieux en laissant leurs biens, qui étaient considérables, à un nommé Monsieur de Lordac qui les leur avait affermés.

Les Chevaliers de Malte

Cet ordre est à l'origine l'ordre des Hospitaliers de Saint-Jean-de-Jérusalem fondé en Palestine en 1113 par Gérard Trenque. Il hérite d'une partie du trésor des Templiers lorsque Clément V sous l'impulsion de Philippe IV le Bel dissout l'ordre des chevaliers du Temple en 1311. C'est un ordre militaire et religieux à la fois. Sa tradition hospitalière est bien connue dans toute l'Europe. Il possède sa propre armée et défend avec succès l'île de Malte jusqu'à sa reddition à Napoléon en 1798.

À Saint-Antoine, les Chevaliers de Malte ne restent que 12 ans.

Le chevet de l'église est de 1762. La voûte est en croisée d'ogive et le fond est plat. Les nervures reposent aux angles sur les chapiteaux historiés de colonnes octogonales à l'entrée du chœur, cylindriques à l'est. Les chapiteaux de fond du chevet sont modernes, pélicans, à gauche et feuilles à droits ; Dans le mur du chevet, au fond, une niche contient une statue de Saint-Antoine du Désert. Il est probable qu'à l'arrivée des Chevaliers de Malte, le chevet n'était pas encore terminé car il semble que la peinture de la voûte de ce chevet soit leur œuvre.

À la Révolution, en 1789, les biens qu'ils possédaient devinrent nationaux et furent achetés par des gens du bourg. L'hôpital, autour duquel les maisons s'étaient regroupées fut délaissé et tomba en ruine. La révolution eut pour conséquence le démantèlement des tours, les créneaux furent supprimés et des toitures les remplacèrent afin de balayer le symbole hégémonique que pouvait avoir la résidence seigneuriale sur le peuple. Cette évolution sauva certainement la commanderie de la démolition dont les murs étaient désormais à l'abri des intempéries

En 1789, la déclaration des droits de l'homme et du citoyen voit le jour. En 1790 la France adopte le drapeau tricolore et divise son territoire en 83 départements. La commune de St Antoine de Pont d'Arratz compte alors plus de 500 habitants.

Le développement, sous la monarchie, des relais de postes et plus tard, en 1860, de la mise en service de la voie ferrée, Bordeaux Toulouse, sont des éléments importants du commencement de l'exode rural.

Au début du XXe° siècle, la Commanderie devient propriété du curé du village, l'abbé Touzery qui le conserve jusqu'en 1955 après quoi elle est vendue à un peintre contemporain, Roland Bierge, qui s'est fait connaître en peignant le plafond de l'Opéra Garnier d'après une maquette de Marc Chagall. Ses tableaux sont exposés dans diverses galeries du monde. À sa mort, en 1991, sa veuve est contrainte de se séparer « du château ». Ses nouveaux propriétaires, antiquaires, vivent aux États-Unis, au Texas, et passent six mois par an à Saint-Antoine de Pont d'Arratz, d'où ils font leur marché de meubles sur l'Europe. En 2013, malades, ils mettent la demeure en vente et c'est encore un antiquaire Parisien mais originaire de la région qui en fait l'acquisition. Ainsi se poursuit la vie de la Commanderie.

Le portail de la Commanderie avec le Tau et la Croix de Malte.

La charte de coutumes traduite par CH. CODORNIOU Agrégé d'Université.
Certains mots illisibles sont laissés en blanc.

Au nom de Notre Seigneur Jésus Christ, Amen. Que l'âge des présents connaisse et que la prospérité de leurs descendants n'ignore pas que sous le règne de très serein et très illustre prince et seigneur notre roi Charles, roi de France par la grâce de Dieu, l'an de la salutaire incarnation 1493 et le dernier jour du mois de novembre, au lieu de Saint Antoine de Pont-du-Ratz dans la vicomté de Lomagne de la sénéchaussée d'Armagnac, devant l'église du même lieu et par-devant nous notaires et témoins soussignés assistants, personnellement constitués, rassemblés dans le but spécial de mettre en acte ce qui est écrit ci-dessous à savoir : vinrent noble et religieux frère François de Melhors, seigneur et bénéficier du bénéfice (commanderie) dudit lieu de Saint Antoine de Pont-du-Ratz, de l'ordre de Saint Antoine de Vienne, d'une part, et, d'autre part : Raimond de Per, Guillaume de Barenx, Guillaume des Cause et Vital de Barenx, Consuls : en outre Vital de Cristau, Gaillard du Prat, Guillaume de la Garru, Guillaume Ricard, Maron de Maniran, Antoine de Latour Jeune, Martin de Saint Fort, Bertrand Daugas, Raimond de Rue, Jean du roi, Jean de Bat, Pierre de Fargis, André Ephru, Raimond de Fargis, Jean de Saint Fort, Elie de Cristau, Guillaume Glaffinet, Bertrand Ducamp, Raimond du Prat, Pierre Mailhol, Vital de Saint Fort, Antoine de Cristau, Guillaume Copan, Antoine de Barenx, Bertrand Official,

Arnaud de Larroque, Robin du Prat, Guillaume Cané, Raimond Simounet, Guillaume Beaudeau, Raimond de Ponyn, Martial Valet, Arnaud de Quinsac, Arnaud de Barase, Pierre de Cristau, Vital de cristau, Jacques Thibaud, Antoine de Latour le Vieux, Antoine de Nablanca, Jean Bouin, Gérard de Breuilh, Jean Dupuy alias Carette, Aymerie de Larroque, Pierre Dencausse, Bertrand Cané, Jean de Campanhac, Pierre Duseuil, Astorg du Brouilh, Georges Benoist, Bernard Dupuy, Vital Gaston, Raimond Casarouge, Jean Blandeau, Marc du Sorbé, Jean de Marsan, Pierre du Sorbé, Maître Antoine Rigaud, Antoine Castin, Pierre du Roi, Dominique de Surn, Raimond de Latour, Jean de Saintfort, Pierre Parrand, Jacques Berchet et Bernard de la Molère, notables et habitants dudit lieu, en somme la plus grande et la plus notable partie des habitants et des particuliers de l'endroit.

Comme il est dit plus haut tous les susnommés étant réunis en ce lieu, le susdit de Melhors, seigneur et bénéficier, parla le premier et requit instamment les susdits consuls et habitants et lui faire et prêter le serment de fidélité permis et honnête comme à leur seigneur, le même qu'ils avaient accoutumé de faire à ces prédécesseurs seigneurs du même dit lieu ; il s'offre, de son côté, prêt et préparé à faire et prêter le serment pareil que ses prédécesseurs dans le même lieu avaient accoutumé de faire et de prêter aux consuls et aux habitants susnommés requis répondirent, sans contester le droit ni la raison de la requête, qu'ils étaient prêts et préparés à faire et prêter ledit serment de fidélité audit sieur de Melhors comme ils avaient coutume pour leur seigneur ; cependant ils firent remarquer qu'il était de coutume et que de tout temps sans exception l'usage avait été observé que les seigneurs dudit lieu font et prêtent ledit serment de fidélité aux consuls et habitants du même lieu avant que les consuls et habitants le prêtent au seigneur. Ils demandèrent donc et requirent que ledit seigneur et bénéficier de Melhors, d'abord et avant tout, leur fit prêter le serment susdit, offrant comme plus haut de faire prêter alors le leur audit seigneur. À cette demande le susdit noble frère François de Melhors, seigneur et bénéficier dudit lieu, dans l'église de Saint Antoine de Pont-de-Ratz, devant le maître-autel de cette église, à genoux et la tête découverte, a prêté ledit serment de fidélité les deux mains posées sur le *T Igitur* et la Croix aux mains des consuls susnommés, aux consuls et habitants susmentionnés et à tout l'ensemble de la commune, bien que quelques-uns fussent absents, mais tout de même auxdits consuls et autres individus habitants du lieu, et en même temps à nous notaires publics soussignés stipulant et recevant le serment pour les absents eux-mêmes.

Il a donc promis et juré, ledit et même seigneur de Melhors susdit qu'il sera bon, vrai et fidèle seigneur pour lesdits consuls, habitants et toute la commune dudit lieu ; à leurs héritiers et successeurs, à tous présents et à venir, de les garder, protéger et défendre à son pouvoir de toutes personnes, maux, violences, oppressions ; d'administrer à n'importe quel d'entre eux, tant aux riches qu'aux pauvres et vice versa, bonne justice soit par lui-même soit par ses officiers. Et ledit seigneur de Melhors a promis et juré d'observer de point en point les coutumes audit lieu comme de la façon que ses prédécesseurs de la seigneurie de Saint Antoine de Pont de Ratz les ont tenues et observées. Et en outre, les coutumes recueillies en quelques articles signés de la main du susdit de Melhors que, après lecture à haute et intelligible voix, on a donnés à nous notaires soussignés afin de les insérer au présent acte, il s'est engagé à les observer et à ne les contredire en quoi que ce soit, directement ni indirectement par lui-même ou par quelque autre personne interposée ; desquels articles la teneur suit en ces termes : s'ensuivent les autres articles et clauses que les seigneurs consuls, manants et habitants du lieu Saint Antoine de Pont de Ratz, demandent et veulent être tenus de point en point par le noble religieux frère François de Melhors, seigneur dudit lieu.

I. *Communaux.* -- Et premièrement que lesdits consuls, manants et habitants dudit lieu auront, jouiront et posséderont en commun ainsi qu'ils ont fait auparavant et d'ancien temps les lieux qui s'ensuivent et sont publics : premièrement le lieu appelé à bon Conseil qui confronte au chemin public qui tire dudit lieu de Saint Antoine vers le Pont de l'Arratz, à la terre de Guillaume Dupuy, à la terre de Pierre du Sol et à la terre de Bernard Dupuy, et par la fontaine à la terre de Marc du Sorbé appelé le champ du Chrétien. Encore un autre lieu appelé la Cornelhe tant en haut qu'au bas du chemin confrontant le champ de Gaillard du Casau, le champ de Maître Antoine Rigal, notaire, le champ des héritiers de Raimond de Lausa, le ruisseau de la Corneilhe et la source de la Corneilhe ; partagé par ledit ruisseau et finissant par le champ de Bernard Renale au bout de la route du bouquet. Encore un autre lieu auprès de la porte dudit endroit tirant vers la tuilerie, confrontant au fossé dudit endroit, au chemin public qui mène à la tuilerie, à la terre de Jean de Caumont, au jardin de Guillaume et Antoine Barenx, au jardin dudit seigneur et au chemin qui va à la fontaine dudit endroit.

II. *Pacage.* – En outre lesdits consuls, manants et habitants dudit bourg auront et useront des herbages dudit endroit en commun, ainsi qu'ils ont fait avant et de tout temps.

III. *Redevances.* – Ledit seigneur ne prendra et lèvera sur lesdits habitants ayant terres dans les appartenances dudit endroit que six liards par mesure de terre ; et ceux qui seront taxés à plus de six liards par mesure, il les diminuera jusqu'à concurrence de ladite somme, sauf vignes, maisons et prés qui ne paient point.

IV. *Justice des Consuls.- Conflits de ceux-ci et du procureur du Roi.* – Touchant le fait de la justice, ledit seigneur relèvera lesdits consuls de tous ajournements, frais, intérêts et dommages qui leur pourraient survenir à la requête du procureur du Roi dans l'exercice de ladite justice, attendu que lesdits consuls ne sont juges ni assesseurs et n'ont pas de connaissance du droit.

V. « *Bayle* » *élu.* – Ledit seigneur ne fera ni mettra bayle (maire) audit lieu que d'après l'élection de la commune à laquelle prendra part ledit seigneur, ainsi que l'on avait coutume de faire par ci-devant, et de tout temps.

VI. *Nomination des marguilliers et gardes de moissons.* – Ledit seigneur ne fera ni ne mettra gardes de moissons audit endroit ni marguilliers à l'église dudit endroit sinon en même forme et manière que le maire. (bayle)

VII. *Restitution des vieilles coutumes.* – Si ledit seigneur trouve certaines coutumes anciennes dudit endroit, couvertes de rouge il les restituera et remettra auxdits consuls et ainsi les jurera sur le *T igitur* et la croix.

VIII. *Vœux pour le luminaire (la fabrique) et l'offrande.* – De même touchant le luminaire ou l'offrande dudit endroit. Si quelqu'un apporte, à la suite d'un vœu, pourceaux, agneaux, chevreaux ou n'importe quelle sorte de produits, celui qui portera ce vœu jurera s'il l'a promis à la fabrique ou à l'offrande ; s'il jure que c'est pour la fabrique, les marguilliers prendront ce vœu et en disposeront ainsi qu'ils ont accoutumé ; s'il jure que c'est pour l'offrande, le seigneur prendra ledit vœu et en fera à son plaisir.

IX. *Les.........* audit endroit, quand il n'y aura pas la place la ville les entretiendra ; et s'il y a de la place pour bâtir, ledit seigneur les donnera à bail et affermera à qui lui plaira.

X. *Pardon aux malfaiteurs en don d'avènement.* – Ledit seigneur en prenant possession pardonnera à tous les malfaiteurs et ainsi le jurera.

XI. *Droits de clôture du seigneur.* – Ledit seigneur ne pourra fermer le chemin tirant au long du ruisseau du Carpe (charme), si ce n'est au long du pré dudit seigneur, et laissera un chemin raisonnable où puissent passer charrettes et bêtes de somme.

XII. *Police à la charge du seigneur.* – Ledit seigneur paiera les dépenses de ceux qui feront le guet et seront de garde à la foire de Saint Antoine et à celle de Saint Barnabé, audit endroit, ainsi que de coutume.

XIII. *Droits à payer en cas de mort pour un chef de maison ; pour tout autre mort.* – Ledit seigneur se démettra envers les habitants dudit endroit de tous les droits et actions qu'il pourrait avoir sur les dépouilles desdits habitants lorsqu'ils vont de vie à trépas : à savoir pour un chef de maison la somme de cinq sols et onces tournois et pour les autres du commun la somme de cinq sous tournois.

Et pour plus de sûreté ledit seigneur après avoir lu les articles ci-dessus les a ainsi signés : François de Melhors, bénéficier susnommé.

Ces choses faites et incontinent, au même lieu, lesdits consuls et habitants à l'unanimité, en pleine concorde et après réflexion, d'un consentement mutuel, en leur nom et celui de leurs héritiers et successeurs quelconques, au nom aussi du corps des consuls et de toute la commune dudit lieu Saint Antoine de Pont de Ratz, devant l'autel susmentionné, assistants les genoux pliés et têtes découvertes, leurs deux mains et celles de chacun d'entre eux sur le *T Igitur* et la croix aux mains dudit de Melhors, ont fait et prêté ledit serment de fidélité, en personne, audit de Melhors recevant et stipulant comme leur vrai seigneur. Les consuls donc et les notables et les habitants dudit lieu susnommés et chacun d'eux, aux même titre que ci-dessus et au nom de leurs héritiers et successeurs, promirent et jurèrent qu'ils seraient désormais et à toujours audit noble frère François de Melhors bons et vrais hommes vassaux soumis et fidèles ; qu'ils garderaient et défendraient sa personne, ses biens et ses honneurs selon leur pouvoir ; que s'ils savaient ou s'il venait à leur connaissance que quelqu'un voulait faire ou attenter quelque chose contre ledit seigneur, soit contre son corps, soit contre son bien ou ses honneurs, ils ne lui permettraient pas de le faire ou de le tenter ; que soit par eux-mêmes soit par un autre par qui la chose pourrait venir plus vite à sa connaissance, ils le lui manderaient ou dénonceraient ou feraient mander et dénoncer ; qu'ils seront pas dans le fait ou le dessein pour que leur maître susdit perde ni corps, ni sa personne, ni ses biens, ni ses membres, ni son honneur. Que s'il leur demande quelque conseil, ils le lui donneront suivant Dieu, leur conscience et leur capacité. Que les secrets ou ce qui pourrait échapper audit maître en paroles ils ne les ouvriront ou révéleront à quiconque ils ne devront pas les révéler ; qu'ils lui éviteront dans la mesure de leur force les manœuvres inutiles ou nuisibles ; enfin toutes les autres choses, chacune en particulier, contenues dans le serment de fidélité et que les vrais et fidèles vassaux ont coutume de jurer et de prêter à leur seigneur direct, ils jurèrent et en vertu du serment prêté ils promirent de tenir tout cela ; et avec eux, le susdit de Melhors les reçut, eux, les notables et les habitants pour ses hommes, sujets et vassaux ; de même les habitants et domiciliés prirent et reconnurent ledit de Melhors pour leur seigneur. Desquels engagements en général et particulier lesdits seigneur et consuls et habitants pour eux et aux qualités que dessus demandèrent et requirent être faits pour eux, retenus et transcrits ensuite deux actes publics d'une seule et même forme et teneur à savoir pour chacune des parties. Elles furent faites ensemble par nous notaires soussignés l'année, jour, mois, lieu et roi régnant que dessus. Furent présents à cet acte maître Guillaume Régis, notaire de Périgueux, Bertrand de la Combe du lieu de Mouyon, dans la sénéchaussée d'Agen, dom Antoine de Balle, prêtre, Pierre de Mascalat, du lieu de Peyrecave appelés en témoignage et spécialement mandés pour lesdits engagements, et nous Denis Picassa et Antoine Rigaud, habitants de la cité de Lectoure et dudit lieu de Saint Antoine de Pont de Ratz, notaires de par l'autorité royale et de celle des seigneurs............ ; qui dans toutes et chacune des choses précitées pendant qu'elles se faisaient, disaient et prêtaient avec les témoins susmentionnés avons assisté et vu et entendu qu'elles se faisaient ainsi requis ensemble et une fois avons écrit une note et sur cette note juste de fidélité publique avons rédigé et fait écrire par un autre notre assistant et être rédigé en forme faits sur l'original visé avec lequel ainsi notre signature authentique dont nous nous servons dans nos actes publics et l'avons apposée en foi des présentes.

Enregistrement de l'acte. – L'an de la salutaire incarnation du Seigneur 1494 et un mardi trois du mois de juin, sous notre sérénissime prince et seigneur Charles par la grâce de Dieu roi de France régnant ; dans la cité de Lectoure, et dans le consistoire public de la cour Présidiale du magnifique et puissant seigneur sénéchal d'Armagnac, à la première heure de ce jour ou à peu près et en présence de noble homme Bernard de Bassadat, seigneur de Pordéac, lieutenant de noble, magnifique et puissant seigneur Jacques de Genouilhac, seigneur des lieux Dassier et d'Arreilhayer, conseiller et de notre seigneur.

Mes plus vifs remerciements à Émilie, Philippe et Jean-Michel et l'ensemble du Club Photo de Saint-Loup (82340) pour les photographies qui illustrent cet ouvrage.

Éditeur :

Books on Demand GmbH,
12/14 rond-point des Champs Élysées,
75008 Paris, France

Impression :

Books on Demand GmbH, Norderstedt, Allemagne

Corrections et mise en page : Pierre Léoutre

ISBN : 9782322145614

Dépôt légal : octobre 2019

www.bod.fr